Wie ich mit dem Trinken aufhörte oder: Wie man trocken wird und bleibt

Von

Samuel S. Blythe

AF206116

Wie ich mit dem Trinken aufhörte

oder: Wie man trocken wird und bleibt

(Cutting it Out)

Von

Samuel S. Blythe

Impressum:
© 2019 Maria Weber (Übers.)
Herstellung und Verlag: BoD – Books on Demand, Norderstedt.
ISBN: 978-3-74941-994-4

Inhalt.

1.

Warum ich aufhörte.

Zuallererst möchte ich den Inhalt dieses Büchleins festhalten: Dies ist eine Aufzeichnung von verschiedenen Erfahrungen, die auf einen festen Entschluß folgten, trocken zu werden, und den noch festeren Entschluß, es auch zu bleiben.

Es ist eine ganz persönliche Erzählung von sehr persönlichen Umständen. Es ist kein Vortrag oder ein Traktat über Mäßigkeit, kein Ratschlag oder eine Anweisung oder ein Vortrag über die erschütternden Leiden infolge eines schrecklichen Schicksals oder aber eine Warnung oder eine Ermahnung – oder irgend etwas anderes als eine einfache Geschichte eines Abenteuers, das ziemlich ungewiß begann und ziemlich zufriedenstellend endete.

Ich bin kein Säufer, der sich selbst rettete oder aus der Gosse gerettet wurde; kein Trunkenbold, der beinahe eine vielversprechende Karriere ruiniert hätte; kein durch Veranlagung oder Geburt dazu bestimmter Suffkopf. Ich trank Alkohol auf dieselbe Weise, wie Hunderttausende Männer ihn trinken – trank Alkohol und kümmerte mich um mein Geschäft, kam gut zurecht, hielt mich gesund, versorgte meine Familie und behielt meine Position in der Gemeinschaft bei. Ich glaubte, daß es mein gutes Recht wäre, Alkohol zu trinken, genauso wie ich jederzeit mit dem Trinken aufhören könnte. Ich hielt meine Trinkerei nie für unmoralisch.

Ich war anständig, respektabel, ein Gentleman, der nur mit Gentlemen trank und wie ein Gentleman trinken sollte, wann es ihm beliebte. Mir war es gleich, ob noch jemand anderes trank – heute sehe ich das anders. Mir war es gleich, ob es jemanden interessierte, daß ich getrunken hatte – heute sehe ich das anders. Ich bin kein Reformator, kein Dozent, kein Prediger. Ich habe mit dem

Trinken aufgehört, weil ich es tun wollte, nicht weil ich es mußte. Ich habe nicht dem Alkohol abgeschworen, kein Gelübde abgelegt und auch keinen Eid geleistet. Ich bin kein Moralapostel. Es ist sogar möglich, daß ich heute Nachmittag ausgehen und etwas trinken könnte. Ich bin mir ziemlich sicher, daß ich nicht tun werde – aber ich könnte es tun. Was meine Reise zu den Abstinenzlern angeht, handelt es sich um eine individuelle Erfahrung und nichts anderes. Ich bin kein Vorbild für andere Menschen, die so viel trinken wie ich es tat, oder mehr oder weniger – aber ich gehe davon aus, daß meine Erfahrungen in gewisser Weise typisch sind, denn ich bin sicher, daß meine Trinkerei sehr typisch war; und das, was nun vor Ihnen liegt, ist eine Erzählung dieser Erfahrungen und die Schlußfolgerungen daraus.

Ich habe aufgehört zu trinken, weil ich aufgehört habe zu trinken. Ich hatte eine sehr gute Quote in der Alkohol-Liga – so gut, wie ich es für notwendig hielt. und ich wußte, wenn ich zu einem Zeitpunkt aufhörte, wenn meine „Leistung" gut war, wäre die Situation für mich zufriedenstellend. Außerdem stellte ich mir vor, daß es dann ein guter Zeitpunkt sein würde, mit dem Trinken aufzuhören, wenn es nicht nötig war, aufzuhören – und nicht, wenn es nötig sein würde. Ich hatte in den zwanzig Jahren, die ich getrunken hatte, mehr oder weniger beobachtet, und ich hatte bei vielen Männern erlebt, daß sie mit dem Trinken aufhörten, als die Ärzte es ihnen verordneten. Außerdem bemerkte ich, daß, wenn ein Arzt erst einmal einem Mann sagt, daß er mit dem Trinken aufhören soll, es keinen großen Einfluß darauf hat, ob er aufhört oder nicht. In vielen Fällen könnte er ebensogut weitertrinken und glücklich sterben, denn er wird ohnehin sterben; und die wenigen elenden Monate, die er durch seine Enthaltsamkeit gewinnen wird, werden die Mühe nicht wert sein.

Daher wandte ich in dieser Situation die pure Logik an und entschied mich, dem Alkohol abzuschwören.

Das war der Grund dafür, daß ich aufgehört hatte – ein ganz egoistischer, persönlicher, individueller Entschluß, der das Wohlergehen irgendeiner anderen Person auf der Erde nicht berücksichtigte – nur mein eigenes. Ich hatte gut auf mich achtgegeben und wußte, daß ich körperlich gesund war. Ich war mir aber nicht sicher, wie lange ich noch gesund sein würde und weiter trinken könnte. Also entschied ich mich, mit dem Trinken aufzuhören und gesund zu bleiben. Ich bemerkte, daß man vielen Männern in meinem Alter, die die gleichen Gewohnheiten hatten wie ich, die Spuren ihres Lebenswandels anzusehen begann. Einige von ihnen bekamen irgendwelche beunruhigenden Krankheiten und einige andere starben. Bald nachdem ich vierzig Jahre alt war, bemerkte ich, daß ich öfter zu Beerdigungen ging, als je zuvor – Beerdigungen von Männern zwischen vierzig und fünfundvierzig Jahren, die ich als fröhlich und gesellig gekannt hatte; daß diese Beerdigungen ziemlich regelmäßig auftraten und daß der Totenschein des Arztes immer häufiger Nierenentzündung und ähnliche Krankheiten als Todesursache führte. Alle diese Begräbnisse waren von Männern, die gute Kameraden waren, und wir trauerten um ihren Verlust. Auch haben wir uns in der Regel ein paar Drinks zu ihrem Angedenken genehmigt.

Dann kam eine Zeit, als diese ganzen Bestattungen mich völlig überrollten. Innerhalb eines Jahres waren vier oder fünf Männer, die ich sehr gut gekannt hatte, Männer, die ich sehr gemocht hatte, und die mir wahre Freunde und gute Kameraden waren, nacheinander gestorben. Auch einige andere Freunde entwickelten körperliche Krankheiten, von denen ich wußte, daß sie direkt auf einen zu hohen Alkoholkonsum zurückzuführen waren. Sowohl den Todesfällen als auch den Krankheiten lag ein zu hoher Alkoholkonsum als ein beitragender Faktor zugrunde, wenn nicht als direkte Ursache. Das hat natürlich niemand gesagt – aber ich wußte es.

Also hielt ich mit mir selbst einen Kriegsrat ab. Ich berief mich selbst zum Redner und besprach das Problem etwa wie folgt:

„Du bist jetzt über vierzig Jahre alt. Du bist körperlich gesund und geistig nicht schwächer, als du es stets warst, soweit man es von außen erkennen kann. Du hast viel Spaß gehabt, viel davon mit der Geselligkeit vermengt, die mit dem Trinken einhergeht, und auch viel ohne diese; aber du hast deinen Anteil am Trinken gehabt, und es hat dich noch nicht unter die Erde gebracht. Es gibt absolut keine Belohnung, wenn man tot ist. Das bringt dir nichts, außer ein paar Nachrufen, die du niemals sehen wirst. Und noch weniger bringt es, krank zu sein und jedem zur Last zu fallen. Es ist so sicher wie die Sonne untergeht, daß, wenn du deinen gegenwärtigen Weg weitergehst, König Alkohol dich kriegen wird, genauso wie er viele andere Leute bekommen hat, die du kennst und kanntest. Du hast zwei Möglichkeiten: Eine ist, weiterzumachen und weiterhin den Spaß zu haben, von dem du glaubst, daß du ihn hast, und das zu bekommen, was dir unausweichlich widerfahren wird. Die andere ist, damit aufzuhören, während es dir noch gut geht, und noch ein paar Jahre länger zu leben – das mag nicht so aufregend sein, wird dich aber wahrscheinlich anderweitig entschädigen.“

Ich habe es aus jedem Blickwinkel betrachtet, der mir einfiel. Ich wußte, was für eine Art von Aufgabe ich mir vorgenommen hatte, wenn ich aufhörte. Ich habe das Ganze gedanklich anhand der Schicksale meiner Bekannten, meiner Erfahrungen, meiner Position, meiner Lebensweise und meines Geschäfts abgewogen. Ich hatte es schon oft versucht. Ich war oft für einen Zeitraum von drei Tagen bis drei Monaten trocken gewesen. Ich wagte mich nicht in unbekannte Gefilde. Ich kannte jeden Wegweiser, jede Kreuzung, jeden Zentimeter des Bodens. Ich kannte die Schwierigkeiten – kannte sie nur zu gut. Ich täuschte mich nicht mit irgendwelchen Illusionen von überlegener Willlenskraft oder überlegenem Mut – oder mit irgend etwas anderem Überlegenem. Ich wußte, daß ich die feste Angewohnheit hatte, täglich zu trinken, und daß ich, wenn ich mit dem Trinken aufhörte, meinen gesamten Tagesablauf würde umstellen müssen.

2.

Wie ich aufhörte.

Dies dauerte einige Zeit. Ich habe mich nicht hineingestürzt. Das hatte ich schon früher getan und war ebenso rasch gescheitert. Ich behielt die Angelegenheit einige Wochen im Kopf und dachte darüber nach. Dann entschied ich mich aufzuhören. Dann habe ich aufgehört. Damit beginnt diese Geschichte.

Ich ging eines Abends zu einem Abendessen, einem guten Abendessen. Es war ein Abendessen, das über alles verfügte, was ein gutes Abendessen haben sollte, einschließlich der besten Getränke, die man bekommen konnte, und große Mengen davon. Ich ging bei diesem Abendessen genauso vor, wie ich es bereits bei einer Reihe ähnlicher Abendessen getan hatte – Hunderten von ihnen, schätze ich – und bestellte jedes Mal etwas zu trinken, wenn andere es taten. Ich war ein erfahrener Trinker. Ich wußte, wie man es machte. An diesem Abend ging ich angenehm angesäuselt nach Hause, war aber nicht betrunken. Ich schlief gut, aß ein gutes Frühstück und ging zur Arbeit. Auf dem Weg entschied ich, daß dies der Tag war, um den Absprung zu wagen. Bei dieser Entscheidung angekommen, ging ich gegen drei Uhr nachmittags hinaus, trank einen Whisky – einen großen – als einen Abschiedsdrink, und hörte auf. Das war vor fast einem Jahr. Ich habe seitdem keinen Tropfen Alkohol mehr getrunken. Es ist derzeit nicht meine Absicht, jemals wieder ein alkoholisches Getränk zu trinken; aber ich binde mich nicht an irgendwelche Gelübde. Es ist nicht meine gegenwärtige Absicht, sage ich; und ich belasse es dabei.

Man kann niemandem den Versuch, andere Leute in Bezug auf sich selbst zu täuschen, verübeln – so machen es die meisten von uns; aber wie steht es mit jemandem, der versucht, sich selbst zu täuschen? Jeder Mensch weiß genau, inwieweit er ein Schwindler ist und sollte es zugeben – zumindest vor sich selbst.

Derjenige, der sich seiner Falschheit bewußt ist und sich weigert, es sich selbst einzugestehen – egal, wie er sich der Außenwelt gegenüber verhält –, bringt sich damit selbst nur Ärger, Unbehagen und vieles mehr ein. Es gibt viele Phasen der persönlichen Selbsterkenntnis, die nicht in den Zeitungen veröffentlicht oder öffentlich verkündet werden müssen. Es ist ein nutzloses Unterfangen, sich selbst zu täuschen, aber dennoch ist es weit verbreitet.

Wenn es darum geht, sich selbst zum Narren zu halten, sind diejenigen die besten Darsteller, die eine Angewohnheit haben – ganz gleich welche Angewohnheit. Eine Angewohnheit! Es mag sein, daß sie Zigaretten rauchen, über den großen Zeh gehen, durch die Nase reden oder trinken – oder irgend etwas anderes. Jeder kann mit geschlossenen Augen sehen, wie das Trinken anderen schadet; dennoch behaupten die meisten, daß ihre persönlichen Trinkgewohnheiten anders sind und ihnen nicht schaden.

Das beste Beispiel dafür ist die alte Varieté-Geschichte, in der der Mann auf die Bühne kam und sagte: „Smith trinkt zu viel! Immer wenn ich in die Kneipe gehe, ist er auch da!"

Das ist der Grund, warum so viele Leute dem Alkoholgenuß zum Opfer fallen – entweder indem er ihre Gesundheit zerstört oder indem sie sich so sehr an ihn gewöhnen, daß sie nicht mehr damit aufhören können. Sie machen sich selbst etwas vor. Sie sind sich bewußt, daß ihre Nachbarn zu viel trinken – aber nicht, daß sie selbst es tun. Ganz und gar nicht könne es daran liegen, daß sie nicht die Willenskraft haben, aufzuhören, wenn es Zeit ist, aufzuhören. Sie sind schlauer als ihre Nachbarn. Sie wissen, was sie tun.

Und plötzlich bekommen sie die Quittung!

In diesem Land gibt es Hunderttausende von Männern auf allen möglichen Lebenswegen, die zwanzig oder dreißig Jahre lang keine Minute gelebt haben, ohne daß mehr oder weniger Alkohol in ihrem Blutkreislauf war. Von diesen kann nicht gesagt werden, daß sie die ganze Zeit über völlig nüchtern waren, aber sie verrichten dennoch ihre

Arbeit, erfüllen alle ihre sozialen Pflichten, machen Karriere und sind ziemlich erfolgreich.

Über Alkoholgenuß wurde mehr geschrieben und gesprochen als über jede andere Beschäftigung, Berufung, Gewohnheit oder Vergnügen der Menschheit. Alkoholgenuß ist eine persönliches Sache und sonst nichts. Es ist in jeder menschlichen Beziehung individuell. Dennoch könnte man die Reformer nicht dazu bringen, das zu sehen. Sie möchten, daß andere Menschen mit dem Trinken aufhören, weil sie eben möchten, daß andere Menschen damit aufhören. Also machen sie Gesetze, die übertreten werden, und erhalten Versprechen, die gebrochen werden, und versuchen, eine Gewohnheit zu erlassen oder zu verbieten, die, falls sie erfolgreich beendet werden soll, vom Einzelnen beendet werden muß, und nicht aufgrund von Gesetzen, Drohungen oder Schmeicheleien.

Dies ist die menschliche Seite davon, aber die professionellen Reformer wissen weniger über die menschliche Natur und kümmern sich weniger um sie als um jeden anderen Lebensbereich. Es bleibt jedoch die Tatsache, daß bei jedem Laster und vor allem beim Laster des Trinkens – wahrscheinlich weil dies das häufigste Laster ist, das es gibt – neunzig Prozent der Betroffenen sich darüber hinwegtäuschen, wie sehr sie dem Alkohol verfallen sind; und zweitens haben neunzig Prozent der dieser Gewohnheit Anhängenden eine sehr klare Vorstellung davon, inwieweit diese Gewohnheit an andere gebunden ist. Sie betrügen sich selbst, wissen aber ganz genau über ihre Nachbarn Bescheid! Aus diesem Grunde florieren die Brauereien und die Brennereien außerordentlich.

Ich entferne mich jedoch von meiner Geschichte, die mit der Sorte Trinken zu tun hat, wie sie der gewöhnliche Mann betreibt – nicht mit Trinkgelagen, Ausschweifungen, Orgien oder Trunkenheits-Perioden, sondern mit der üblichen Menge an Alkohol, die im Leben eines Mannes vorkommt, mit ein bißchen zu viel in seltenen Fällen und reichlichen Mengen zu allen Zeiten. Ein Deutscher, den ich kannte, sagte mir einmal, der Unterschied zwischen dem Trinken in der „Alten Welt" und dem Trinken in Amerika sei, daß beispielsweise die Deutschen das Getränk aus Genuß zu sich nehmen, während der Amerikaner es nur wegen des darin enthaltenen Alkohols trinken würden. Dem mag so sein; aber nur sehr wenige Männer, gleich welchen Alters, wollen sich bewußt betrinken. Eine solche Trunkenheit, wie es bei Männern dieser Art der Fall ist, geschieht gewöhnlich eher zufällig als beabsichtigt.

Meine Definition eines Alkoholikers war immer die folgende: Ein Mann ist ein Alkoholiker, wenn er vor dem Frühstück Whisky oder ein ähnlich starkes alkoholisches Getränk trinkt. Ich denke, das trifft es ziemlich genau. Ich persönlich habe in meinem ganzen Leben niemals vor dem Frühstück harten Alkohol getrunken und nicht viel vor dem Mittag. Normalerweise begann meine Trinkerei am Nachmittag nach der Arbeit und endete meistens vor der Essenszeit – nicht immer, aber meistens.

3.

Womit ich aufhörte.

Ich hatte beinahe zwanzig Jahre auf solche Weise getrunken. Ich habe überhaupt nicht getrunken, ehe ich einundzwanzig war, und nicht viel, bis ich fünfundzwanzig war. Als ich zweiunddreißig oder dreiunddreißig Jahre alt und ein wenig in der Welt herumgekommen war, kam ich mit Männern meines eigenen Standes zusammen; und da ich in einer Stadt lebte, in der fast jeder trank, einschließlich vieler erfolgreicher Geschäftsleute, übernahm ich bald ihre Gewohnheiten. Von Natur aus gesellig befand ich diese Männer für eine gute Gesellschaft. Sie waren gesellig und tranken aus Freude am Trinken.

Mein Beruf führte mich in verschiedene Teile des Landes und ich schloß Bekanntschaften mit solchen Männern. Sie waren gute Kameraden, und ich war es auch. Das

Ergebnis war, daß ich nach ein paar Jahren eine Liste von Freunden von Kalifornien bis nach Maine hatte, die alle tranken; und so hatte ich stets einen Anlaß und Gesellschaft zum Trinken. Dann zog ich in eine Stadt, in der es nicht viel anderes zu tun gibt, als zu bestimmten Tageszeiten zu trinken, in eine Stadt, in der sich Menschen aus allen Landesteilen versammeln und in welcher die soziale Seite des Lebens stark betont wird. Ich machte mit. Ich erledigte meine Arbeit zur Zufriedenheit meiner Arbeitgeber, und ich trank zu meiner eigenen Zufriedenheit.

Dies setzte sich für mehrere Jahre fort. Ich hatte eine feste Angewohnheit. Ich habe jeden Tag mehrere Drinks getrunken. Manchmal habe ich mehr als mehrere getrunken. Mein Körper war daran gewöhnt, daß er alle 24 Stunden eine gewisse Menge Alkohol verdaute. Soweit ich sehen konnte, schadete mir das Trinken nichts. Ich fühlte mich gut. Mein Appetit war gut. Ich schlief gut. Mein Kopf war klar. Meine Arbeit verlief problemlos und ich erhielt eine angemessene Anerkennung. Dann fielen einige meiner

Kameraden aus und einige brachen zusammen. Ich hatte gelegentlich Vormittage, nach großen Abendessen oder besonders geselligen Treffen, an denen ich mich nicht sehr gut fühlte – an denen ich verstimmt war und wußte, warum. Trotzdem machte ich weiter wie bisher und dachte, es sei nichts weiter als der gewöhnliche – zu erwartende – Katzenjammer.

Jetzt bemerkte ich, was um mich herum geschah. Ich sah mir das Ganze kritisch an. Ich analysierte es kühl und ruhig. Ich legte jeden Vorteil und jeden Nachteil meiner Lebensweise auf eine Seite, und jeden Nachteil und jeden Vorteil einer Verhaltensänderung auf die andere Seite. Es gab Zeiten, in denen ich der Meinung war, daß der gegenwärtige Modus bei weitem der bessere war, und Zeiten, in denen ich eher zu der in Betracht gezogenen Änderung tendierte.

Dies sprach alles dagegen aufzuhören: Praktisch jeder Freund, den du in den Vereinigten Staaten hast – und davon hast du viele – trinkt mehr oder weniger. Du hast keinen anderen Freundeskreis aufgebaut.

Wenn du mit dem Trinken aufhörst, mußt du notwendigerweise viele dieser Freunde aufgeben und ihre Partys und ihre Gesellschaft hinter dir lassen – denn ein Mann, der nicht trinkt, ist bei einem Fest oder einer lustigen Feier, auf der getrunken wird, immer eine trübe Tasse. Dein geselliger Umgang mit diesen Leuten setzt voraus, daß du gelegentlich etwas trinkst und zu Orten gehst, an denen alkoholische Getränke serviert werden, sowohl in der Öffentlichkeit als auch bei ihnen Hause. Die Art des Trinkens, die du betreibst, ist für die Geselligkeit sehr wichtig, und du bist eine gesellige Person und möchtest gern mit sympathischen Menschen zusammen sein. Du wirst eine Menge Spaß und eine Menge guter, kluger Kameraden vermissen, denn du bist zu alt, um einen neuen Freundeskreis zu bilden. Dein gesamtes Leben ist in diese Richtung organisiert. Warum einen Einsiedler aus dir machen, nur weil du glaubst, daß das Trinken dir schaden könnte? Schränke es ein. Achte auf dich. Sei kein ein Dummkopf, indem du versuchst, deine Lebensweise zu ändern, wenn du die

Möglichkeit hast, so zu leben, wie du solltest, um dich an dem zu erfreuen, was sich dir bietet.

Und dies sprach dafür aufzuhören: Bisher hat der Alkohol noch keine Schäden bei dir bewirkt, außer daß du etwas Zeit verschwendet hast, die ansonsten anders hätte eingesetzt werden können. Aber wenn du dabei bleibst, wird es dich drankriegen, so wie es viele deiner Freunde in Schwierigkeiten gebracht hat. Wäre es nicht besser, einige dieser Sachen zu verpassen, von denen du glaubst, daß sie Spaß machen, und dafür länger zu leben? Trinken ist nichts Neues für dich. Du empfindest keinen unstillbaren Appetit auf Alkohol, aber dazu wird es eines Tages kommen, wenn du so weitermachst. Warum nicht aufhören und eine neue Lebensweise wagen, vor allem, wenn du sicher weißt, daß dir jeder gesundheitliche Grund, jeder zukunftsträchtige Grund und jedes vernünftige Atom in dir sagt, daß es nichts zu gewinnen gibt, wenn du so weitermachst und daß du im Gegenteil alles verlieren könntest?

Nun, ich habe lange darüber nachgedacht. Ich hatte elende Kerle beobachtet, die sich bemüht hatten, trocken zu bleiben – manchmal mit Erfolg. Ich wußte, was sie aushalten mußten, wenn sie sich mit ihren ehemaligen Kameraden treffen wollten; ich kannte die offensichtlichen Schwierigkeiten und Nachteile dieser neuen Lebensweise. Auf der anderen Seite war ich überzeugt, daß ich ein Esel wäre, wenn ich den Alkohol nicht sofort aufgeben würde, solange es mir noch gut ging, anstatt zu warten, bis ich auf Anordnung eines Arztes aufhören mußte oder zu dem Punkt gekommen wäre, an dem ich nicht mehr aufhören könnte.

Es fiel mir nicht leicht, zu einer Entscheidung zu kommen. Es ist schwer, die Gewohnheiten von zwanzig Jahren zu ändern! Ich kannte mich gut. Ich war kein Held. Ich liebte den Spaß und die Gesellschaft beim Trinken. Ich mag meine Freunde und ich hoffe und denke, daß sie mich mögen. Mir schien, daß ich es in meinem Beruf brauchte, denn ich hatte immer mit Männern zu tun, die trinken.

Ich habe einige Wochen damit gerungen. Ich dachte alles durch, und legte mir alle Vor- und Nachteile wieder und wieder auseinander. Dann hörte ich auf. Und ich blieb auch dabei. Und glauben Sie mir, es war keine leichte Aufgabe.

Ich habe viele Dinge gelernt, seit ich trocken bin – viele Dinge über meine Mitmenschen und viele Dinge über mich selbst. Die meisten dieser Dinge handeln von der angeborenen Heuchelei des Menschen. Und diejenigen, die nicht Heuchelei betreiben, erzählen Lügen – was genaugenommen dasselbe ist. Ich habe gelernt, daß ich mich selbst getäuscht hatte und daß andere mich getäuscht hatten. Ich sammelte jeden Tag Erfahrungen. Und einige der Dinge, die ich gelernt habe, möchte ich niederschreiben.

Sie alle kennen den Mann, der sagt, daß er mit dem Trinken aufgehört hat und nie wieder daran dachte. Er ist ein Lügner. Er existiert nicht. Kein Mensch auf dieser Welt, der die tägliche Angewohnheit hatte zu trinken, hat aufgehört und nie daran gedacht, wieder zu trinken. Viele Menschen glauben, daß sie die Gedanken daran abgelegt haben, weil sie sich gewohnheitsmäßig anlügen; aber sie haben es nicht. Tatsache ist, daß kein Mensch mit der täglichen Angewohnheit zu trinken jemals aufgehört hat und nach dem Aufhören nicht eine Zeitlang daran gedacht hat, wie gut ein Drink schmecken würde, und wie wohl er sich fühlen würde, wenn er sich einen genehmigte. Es ist mir egal, was andere sagen. Ich weiß es besser.

Der Mann, der behauptet, er trinke nie vor fünf Uhr nachmittags oder drei Uhr nachmittags oder trinke nur zu seinen Mahlzeiten oder nehme nur zwei oder drei Drinks pro Tag zu sich, ist für gewöhnlich auch ein Lügner – nicht immer, aber für gewöhnlich. Es gibt einige maschinenähnliche, wenig einfallsreiche Personen, die dies tun können – nach Belieben oder nach Regeln trinken; aber nicht viele. Damit sage ich nicht, daß viele Männer nicht glauben würden, daß sie so trinken, sondern daß die meisten dieser Männer sich schlicht selbst täuschen.

Davon abgesehen ist dieser Vorschlag, seine Drinks auf zwei oder drei pro Tag zu reduzieren, völliger Unsinn. Was nützen einer Person zwei oder drei Drinks pro Tag? Ich meine für jede Person, die aus Spaß trinkt, wie ich es tat und die meisten meiner Freunde es noch tun. Was für eine Art Mensch ist das, der in einen Club kommt und einen Cocktail oder einen Drink trinkt – und dann nichts mehr? Er ist – was den Geselligkeitsfaktor betrifft, schlimmer als jemand, der ein Glas Wasser trinkt. Wenigstens täuscht der Mann, der nur Wasser trinkt, sich nicht selbst oder versucht, am einen und am anderen teilzuhaben. Wenn man mit dem Trinken aufhören will, hört man mit dem Trinken auf. Das ist alles was es braucht. Wenn man trotzdem zwei oder drei Drinks pro Tag zu sich nimmt, ist das pure Feigheit. Es ist weder das eine noch das andere. Und ich sage auch, daß neun von zehn Männern, die behaupten, daß sie sich nur zwei oder drei Drinks pro Tag gönnen, Lügner sind, genau wie die Männer, die sagen, daß sie mit dem Trinken aufgehört haben und nie wieder daran denken. Sie selbst mögen vielleicht nicht denken, daß sie Lügner sind oder gar beabsichtigen, Lügner zu sein, aber sie sind dennoch Lügner.

Nun, wie ich vermutlich bereits erwähnt habe, habe ich mit dem Trinken aufgehört. Das letzte Mal habe ich jenen Whisky getrunken – und dann aufgehört! Ich entschied, daß das Ende ohne Alkohol das bessere Ende war, und ich entschied mich für dieses Ende.

4.

Als ich aufhörte.

Zugunsten eines umfassenden Berichts habe ich die verschiedenen Phasen meines Trockenwerdens in folgende Abschnitte unterteilt: die Besessenheits-Phase; die Karamellen-Phase; die Moralapostel-Phase und die Gesund-und-munter-Phase. Ich trank meinen Whisky und ging zum Club hinüber. Die Meute war da; ich setzte mich an einen Tisch und als mich jemand fragte, was ich trinken möchte, bat ich um ein Glas Wasser. Einige meiner Freunde sahen mich fragend an und einer fragte:

„Willst du mit dem Trinken aufhören?" Dies machte die ganze Gruppe auf mein Glas Wasser aufmerksam. Ich mußte mir viele Neckereien anhören, meistens von der Art, daß es an der Zeit wäre, daß ich mit dem Trinken aufhörte. Dies wurde mit verschiedenen Vorhersagen ausgeschmückt, daß ich es höchstens eine Stunde bis zu einem Tag aushalten würde. Ich mochte das Gespräch nicht, aber ich wiegelte es ab – auf eine ziemlich lasche Weise. Ich sagte, ich hätte beschlossen, daß es mir nicht schaden würde, meinen Alkoholkonsum ein wenig einzuschränken.

Am nächsten Tag ungefähr zu der Zeit, zu der ich gewöhnlich den ersten Drink zu mir nahm, verspürte ich zum ersten Mal das Bedürfnis nach etwas Hochprozentigem. Ich gab dem Bedürfnis nicht nach. An diesem Abend ging ich wieder in den Club. Die Meute war da. Ich wurde gefragt, was ich trinken wolle. Diesmal bestellte ich ziemlich trotzig ein Glas Wasser. Die gleichen Scherze wurden gemacht, aber ich trank mein Wasser. Am dritten Tag war ich etwas angespannt – irgendwie nervös. Ich hatte keine Lust zu arbeiten. Ich konnte mich auf nichts konzentrieren. Ich dachte immerzu an verschiedene Arten von Drinks und wie gut sie schmecken würden. Ich ging in den Club. Vielleicht habe ich es mir nur eingebildet, aber mir schien es, als hätten meine alten Freunde kein Interesse an meinem Besuch an ihrem Tisch. Einer von ihnen sagte: „Oh, um Himmels willen, gönn dir einen Drink! Du hast ja eine schrecklich schlechte Laune." Ich zog mich zurück.

Ich hatte wirklich schlechte Laune. Ich war wütend auf die ganze Welt. Ich dachte auch unentwegt darüber nach, wie gern ich etwas trinken würde. Das war natürlich. Ich hatte meinen Körper daran gewöhnt, jeden Tag eine bestimmte Menge Alkohol zu verarbeiten. Ich habe diesen Alkohol nicht geliefert. Mein Körper brauchte es und verzehrte sich nun danach. Ich kannte einen Mann, der ein Alkoholiker gewesen war, das Trinken aber aufgegeben und seit zwölf Jahren nichts getrunken hatte. Ich besprach das Problem mit ihm. Er erzählte mir, ein berühmter Spezialist habe ihm gesagt, daß es achtzehn Monate dauert, bis ein Mensch, der ein starker oder ein stetiger Trinker war, den ganzen Alkohol aus seinem System bekommt. Ich war kein starker Trinker, aber ich war ein stetiger Trinker, und diese Information jagte mir einen gehörigen Schrecken ein. Ich dachte, wenn ich achtzehn Monate lang jeden Tag dieses Verlangen nach einem Drink empfinden würde, hätte ich mich auf eine schöne Aufgabe eingelassen!

Ich blieb dabei: Eine Woche – zwei Wochen – drei Wochen. Am Ende dieser Zeit hatten sich meine Freunde an diese Exzentrizität gewöhnt und schlossen Wetten darüber ab, wie lange ich durchhalten würde. Ich ging nicht oft dorthin, wo sie sich aufhielten. Ich war so einsam wie ein streunender Hund in einer fremden Gasse. Ich hatte sorgfältig eine große Menge von Saufkumpanen um mich geschart und kannte kaum jemanden, der nicht trank. Das war der schwierigste Teil des Ganzen. Ich war einfach keine gute Gesellschaft mehr. Ich trage dies meinen Freunden nicht nach – nicht im Geringsten. Ich war unhöflich, überkritisch und allgemein unangenehm, und sie ließen mich fallen. Das Verlangen nach Alkohol ging jedoch etwas zurück. Es gab einige Perioden am Tag, in denen ich nicht daran dachte, wie gut ein Drink schmecken würde, und in denen ich mich meiner Arbeit widmen konnte.

Ich habe ein paar Dinge herausgefunden. Eines war, daß ich, egal wie sehr ich den Spaß am Abend vermißt hatte, am Morgen nicht mit einem üblen Geschmack im Mund aufwachte. Ich war morgens nicht verkatert. Nach etwa einer Woche fand ich abends leicht in den Schlaf und schlief wie ein Baby. Dann kam die Karamellen-Phase. Ich entwickelte ein plötzliches Verlangen nach Süßigkeiten. Ich hatte jahrelang keine Süßigkeiten gegessen, denn Männer, die regelmäßig trinken, essen selten Süßigkeiten. Eines Tages schaute ich in das Schaufenster einer Konditorei und wurde unwiderstehlich von einer Schachtel Karamellen angezogen. Ich ging hinein und kaufte sie und aß ein halbes Dutzend. Sie schienen ein lang gehegtes Bedürfnis zu befriedigen. Ich schätze, der Zucker in ihnen lieferte die Stimulans, die ich entbehrt hatte. Jedenfalls schmeckten sie gut und befriedigten meinen Hunger; und ich hatte über mehrere Wochen eine Schachtel Karamellen auf meinem Schreibtisch und aß jeden Tag ein paar. Ich fing auch an, bei meinen Mahlzeiten nach Eis, Kuchen und anderen Süßigkeiten zu verlangen.

Etwa zu dieser Zeit trat ich in die Moralapostel-Phase ein. Ich schaute sehr mitleidig auf meine Freunde, die sich nicht davon abhalten ließen, weiter zu trinken. Ich wurde etwas überheblich und gratulierte mir zu meiner großen Willenskraft, die es mir ermöglicht hatte, mit dem Trinken aufzuhören. Sie tranken sich langsam aber stetig zu Tode. Das konnte ich deutlich sehen. Es konnte gar nicht anders enden. Ich war ein schönes Beispiel eines aufgeblasenen Tugendbolds. Ich ging so weit, einem oder zwei den Fall zu erklären, wurde aber zu meinem Leidwesen ausgebuht. Also fiel ich in meinen Zustand der Überlegenheit zurück und sagte mir: Ach, wenn sie keinen Rat von mir annehmen wollen, sollen sie eben vor die Hunde gehen. Arme Kerle, ich fürchte, sie sind verloren!"

Es ist ein Wunder, daß niemand mich erdolchte. Ich hätte es verdient. Nachdem ich die traurigen Schicksale meiner früheren

Gefährten vor mir selbst beklagt und meinen überlegenen Kurs eingeschlagen hatte, wachte ich eines Tages auf und hielt mit mir selbst Gericht.

„So!", sagte ich. „Du Trottel, was zum Teufel denkst du dir dabei, andere damit zu belästigen, daß du nicht trinkst und dich hier als ein Musterbeispiel der Selbstbeherrschung aufzuspielen? Wer bist du, daß du dich in dieser Sache als Prediger – oder als Zensor oder als Reformer –hervortust? Wer hat dich zum Apostel des Nichttrinkens ernannt? Tu dir selbst einen Gefallen und halte einfach die Klappe!"

Dies war der Beginn der Gesund-und-munter-Phase, die immer noch besteht. Sie begann gegen Ende des zweiten Monats. Ich hatte jegliches Verlangen nach Alkohol verloren; und obwohl es Zeiten gab, in denen ich die mit dem Alkoholkonsum einhergehende Geselligkeit schmerzlich vermißte, blieb ich felsenfest in meinem Entschluß, auf alkoholische Getränke jeglicher Art zu verzichten. Heute habe ich überhaupt keine Probleme mehr damit. Ich kann unbeschwert darauf verzichten, und verspüre kein Verlangen mehr danach.

Als ich mich entschied, daß es an der Zeit wäre, diese heuchlerische Dummheit zu beenden, entwickelte ich eine neue Sichtweise auf die Dinge. Ich entschied, daß ich doch nicht so großartig war und hörte auf, meine Freunde, die trinken wollten, zu schelten. Ich erteilte ihnen keine ungebetenen Ratschläge mehr und hörte auf, mich als einen jungen Helden darzustellen, der eine gigantische Aufgabe erfüllt hatte.

Meine Freunde hatten mich duldsam ertragen. Ich wunderte mich, daß sie es getan hatten, denn ich war eine traurige Angelegenheit. Sicherlich lag es nun an mir, trotz meiner neuen Lebensweise so tolerant zu sein, wie sie es zuvor gewesen waren. Ich hörte mit meinen düsteren Vorhersagen auf und versuchte, meine Freunde an meine wassertrinkende Gesellschaft zu gewöhnen. Der Versuch war nicht gänzlich erfolgreich. Ich habe viele Gelegenheiten zu Treffen ausgelassen, bei denen ich früher einer der glänzendsten Teilnehmer gewesen wäre. Es gibt keinen Mittelweg: Ein Mann kann in einer Gesellschaft, in der andere harten Alkohol trinken, nicht Wasser trinken und dennoch völlig mit von der Partie sein. Jede Person, die mit dem Trinken aufhört, sollte dies auch als Tatsache akzeptieren; und die meisten Personen werden nach einer gewissen Zeit aufhören, nach neuen Ablenkungen zu suchen; oder wieder anfangen zu trinken.

5.

Nachdem ich aufgehört hatte.

Ich hatte mit König Alkohol gut und gerne über zwanzig Jahre zu tun gehabt. Ich weiß alles über das Trinken. Also dachte ich mir: Ich habe noch ungefähr fünfzehn gute, produktive Jahre vor mir. Danach wird meine Leistung nachlassen, selbst wenn ich gesund bleibe. Da ich selbstsüchtig bin und vielleicht vernünftig werde, wünsche ich mir, daß die verbleibenden produktiven Jahre meines Lebens äußerst effizient sind. Ich sah, indem ich auf meine Trinkerjahre zurückblicke, daß, wenn ich diese höchste Effizienz erreichen und behalten wollte, ich etwas dafür tun müßte, und daß mein Leben nicht mit irgendwelchen Alkoholproblemen kompliziert werden dürfte.

Ich entschied, daß das, was ich möglicherweise in meinem Freundeskreis und dem gesellschaftlichen Teil meines Lebens verlieren könnte, durch meine persönliche Verbesserung um Längen aufgehoben würde. Denn ich wußte, daß, obwohl mir das Trinken keinen Schaden zugefügt hatte, es mir aber auch gewiß nichts Gutes gebracht hatte, und wenn ich auf diesem Weg weiterginge, es mir sicherlich auf die eine oder andere Weise schaden würde.

Alles in allem, wenn man eine Seite gegen die andere aufwiegt, schlußfolgere ich, daß es besser für mich ist, nicht zu trinken. Ich finde, ich habe viel mehr Zeit, die ich meiner Arbeit widmen kann; daß ich klarer denke, mich besser fühle, keine dummen Aussagen unter Alkoholeinfluß mehr mache und stets meine fünf Sinne beieinander habe. Die Zeit ist das Überraschende. Es ist erstaunlich, wie viel Zeit man hat, um Dinge zu erledigen, in denen man früher getrunken hat, begleitet von all dem dummen Geschwätz, das mit dem Trinken einhergeht! Wenn man trinkt, ist man nie zu beschäftigt, um etwas zu trinken und immer zu beschäftigt, um damit aufzuhören. Man ist die ganze Zeit beschäftigt – tritt aber auf der Stelle. Die Arbeit ist der Fluch der Trinker. Jeder Mann, der daran gewöhnt ist, so zu trinken, wie ich seit zwanzig Jahren getrunken habe, der die Geselligkeit und die Kameraden daran mag, wird feststellen, daß der plötzliche Übergang zu einem trockenen Leben ihn mit einem ziemlich langweiligen Dasein belastet, bis er sich neu organisiert hat. Dies ist der bedrückende Teil davon. Man kann nirgendwohin gehen und hat nichts zu tun. Doch obwohl man vielleicht den Spaß des Abends verpaßt, steht man morgens in jedem Fall besser da als alle trinkenden Freunde.